Hans Lenk und Norbert Wolf (Hrsg.)
In die Maske gelacht

In die Maske gelacht

Corona – O – Pardona!

Herausgegeben von
Hans Lenk und Norbert Wolf
mit Karikaturen von Jan Tomaschoff

projektverlag.

Bibliografische Information der Deutschen Nationalbibliothek

Die Deutsche Nationalbibliothek verzeichnet diese Publikation in der Deutschen Nationalbibliografie; detaillierte bibliografische Daten sind im Internet über http://dnb.d-nb.de abrufbar.

ISBN 978-3-89733-527-1

© 2021, 2. Aufl., projekt verlag, Bochum/Freiburg
www.projektverlag.de

Abbildung auf dem Cover: Jan Tomaschoff

Inhalt

Prolog: Satira necessaria 7

Corona ist die neue Pest 11

Corona treibt ihr Unwesen (G. Stadtmüller) 15

Perspektvenwechsel Corona (B. Rutenberg) 19

Der Spätling (N. Wolf) 21

Heilige Corona! Pardona! (H. Lenk) 24

Die Reise nach Tarragona (H. Lenk) 26

Ramona und Corona (N. Wolf) 27

Corona und das Ich (R. Anthes) 28

Seuchen im Rückspiegel (W. Rathke) 30

Die Corona–Ampel (H. Lauinger) 33

Pandämonik (W. Tröger) 34

Sintflut – die zweite (M. Wolf) 35

Rentner-Corona (Friese) 38

Vorsicht ist geboten (G. Stadtmüller) 40

Nonsense-Maskerade (N. Wolf) 43

Corona 2020 (G. Paul) 46

Neues von der Trumpelfront (G. Stadtmüller) 48

Einwurf für lateinkundige Ovidianer und Virologen (Ovid/H. Lenk) 50

Homo Corona creationis (G. Voss) 52

Es geht aufwärts (G. Stadtmüller) 56

(K)ein Bayer trinkt Corona-Bier (N. N.) 59

Lichtblick in haarigen Zeiten (G. Stadtmüller) 61

Coronazeit (Ida) 64

Corona Franca (Franca) 66

Corona, Corona! (Joos) 67

In der Corona-Zeit (Joscha) 68

Wie wird's (Lisa) 69

Hurra, wir sparen! (H. Miersen) 71

Impfstoff Riesling (W. Rathke) 73

Unbewegter Tod (N. N.) 75

Der letzte S(ch)atz (N. N.)...76
Corona! Neu-Pest (W. Eichhorn, H. Lenk)...............................77
Vogelfrei (H. Lenk) 79
Flügellos fliegen (M. Mehrfeld)..82
Corona-Lehre (T. Gsella)..83
Bleibt keine Zeit mehr (M. Mehrfeld).....................................85
Ein ganz persönliches Stimmungsbarometer (M. Mehrfeld) 87
... denn Liebe wirkt auch aus der Ferne (M. Mehrfeld)....................89
Epilog: Persönliche Gegendarstellung des Corona-Virus (H. Stein) 91

Autorinnen und Autoren..97
Abbildungsverzeichnis...101

Difficile est satiram non scribere. (Juvenal).

Difficile etiam satiram scribere – et interpretari.

Prolog

Satira necessaria

oder

Ist Satire tot, geraten wir in Not

Lieber Leser, liebe Leserin, ... *dass wir uns verstehen ...*

„*Difficile est satiram **non** scribere*", mahnte Juvenal im Altertum: „Schwierig ist es, keine Satire zu schreiben". Wie wahr – auch in unseren politisch sowie coronar ver-rückten Zeiten. Doch ich ergänze: Auch gute Satiren zu *schreiben* ist schwer und nötig – und sogar sie zu verstehen (*interpretari*), d. h. nicht *miss* zu verstehen: *satiras scribere necesse est*. Daher eine kleine Erklärung, eine **captatio bene-volentiae**, eine Vorwegnahme/Unterstellung des Wohlwollens – auf Seiten der Leser *und* der Autoren.

Vor kurzem erhielt ich diesen Brief eines guten Freundes, dem ich die folgende Sammlung der Corona-Gedichte und -Karikaturen geschickt hatte:

„... ich habe Dein Manuskript überflogen und rate dir dringend von einer Veröffentlichung ab! Das Thema Covid-Virus ist für Millionen Menschen eine bitterernste Tatsache.

Ich denke dabei an folgendes: Dir und auch mir geht es während der Pandemie und dem Lockdown weitgehend gut. Wir haben keine finanziellen Sorgen, die Renten und Pensionen sind ungekürzt und werden pünktlich ausgezahlt. Ist alles in anderen Ländern nicht selbstverständlich! Die Beeinträchtigungen im täglichen Leben sind für uns beide gering. Das Tragen der blöden Gesichtsmasken be-schränkt sich auf wenige Minuten beim Einkaufen oder beim Tanken.

Millionen Menschen in Deutschland müssen aber bei ihrer beruf-lichen Tätigkeit diesen Lappen den ganzen Tag und fünf oder sogar sechs Tage in der Woche tragen. Finden diese Leute ein Corona-Gedicht witzig und passend? Wahrscheinlich nicht.

Ich denke auch an die finanziellen Probleme, die sehr viele kleine Leute durch Corona bekommen haben. Kleine inhabergeführte Läden, Kurzarbeitergeld, Jobverlust, fehlende Engagements bei Künstlern etc. etc.

Die heutigen Zahlen der Johns-Hopkins-Universität berichten von über 1,27 Millionen Toten[1] weltweit. Zieht man davon die Personen ab, die aufgrund ihrer Vorerkrankung auch an einer normalen Grippe gestorben wären und macht man für bewusste oder ungewollte Fehlmeldungen weitere Abstriche, so bleibt doch eine erschreckend hohe Zahl von „echten" Corona-Toten. Ich selbst nehme einmal 10 bis 20 % echte Fälle an. Das sind 120 000 bis 240 000 Tote und ein Ende ist noch nicht abzusehen.

Auch die Berichte von Leuten in Deutschland, die die Krankheit überstanden haben, sind für mich erschreckend. Das war keine einfache Grippe, die mit erträglichen Symptomen vorübergegangen ist. Die Leute haben schwer gelitten. Die behandelnden Ärzte (alles anerkannte Koryphäen) in den Krankenhäusern sprechen von erkennbaren Dauerfolgen, mit denen zu rechnen ist. Die alte Leistungsfähigkeit für den Beruf oder auch im Sport (!!!) wird nie mehr erreicht werden.

Ich möchte zusammenfassen: Das Thema Corona eignet sich meiner Meinung nach nicht für eine Satire (auch wenn es genügend witzige Randerscheinungen gab und gibt)."

„Vollinhaltlich" – so würden Juristen es formulieren – bin ich mit meinem geschätzten Freunde einverstanden – außer mit dem letzten Satz. Satiren schreiben ist dringend nötig – gerade auch heute. Nicht nur, um Abstand zu gewinnen oder als Ausdruck eines Galgenhumors – selbst in recht aussichtsloser Lage: Man denke an Wilhelm Buschs Vogel auf dem Leim beim nahenden Kater: „Der Vogel, scheint mir, hat Humor". –

Übrigens gibt es auch positive aufmunternde Satiren – einige finden sich in unserer Sammlung. Derart „Satirisches" hilft zum Bewältigen mancher existenziellen und psychischen oder gar sozialen Probleme und Konflikte, lenkt ab, spendet manchmal Trost und Hoffnung.

---

[1] Stand 11.11.2020. Die bestätigten Fälle der Lungenerkrankung COVID-19 liegen derzeit bei 51,6 Millionen ...

Satire kann also in gewissem Sinne zur Bewältigung der Corona-Krise zumindest indirekt beitragen. In einigen hoffnungsvollen und erwartungsfrohen Gedichten unserer Sammlung weht ein Hauch von Optimismus – etwa in den wenigen hier ausgewählten Gedichtchen junger SchülerInnen.

Besonders am Ende gibt es auch geradezu philosophisch tiefer greifende Reflexionen in lyrischer Form, die keineswegs bloß satirisch anmuten.

Schließlich befreien meist das Lachen und oft auch die Satire wie einst ein Satyrspiel[3]:
– Satire ist also nicht nur nötig – manchmal gar Not-wendig!, sondern macht auch frei(er):

Satira etiam liberat.
Liberate satiras![4]

H. L. für die Herausgeber

---

[3] „Satirisch" (satis ironice) und „satyrisch (von Satyrn/Waldgeistern) sollen sprachgeschichtlich nicht zusammenhängen.

[4] „Satire befreit auch", „befreit die Satiren!" – auch in Zukunft. Selbst bei ernsten, gar todernsten Themen – wie es schon manche Pest-Rituale des Mittelalters lehrten (s. folgende Einleitung).

Corona ist die neue Pest

Die Pandemie[5] Covid 19 ist die neue Pest. Das Virus Sarscov-2, vulgo „Corona", wirkt wie die aktuelle Pestilenz – und das weltweit. Mancherorts erweist es sich als tödlich wie der „Schwarze Tod" des 14. Jahrhunderts, erfordert ebenso Massenbegräbnisse, Todesriten – gar auch „Totentänze" oder Orgien wie einst in Base[6] Babel/ Babylon[7] oder heute in Brasilien und New York. Wie in der biblischen Antike das Menetekel an der Seherwand? Sarsco-**V** 2: „Vergeltungs- waffe" der Natur? Schlägt die Natur auf ihre eigene „grausam"- grausige Art zurück – wie der Philosoph Hans Jonas 1979 ahnte – fast prophetisch wie sein biblischer Namensvorgänger.

Todesriten, Todestänze dokumentierten, provozierten jedoch auch andere Reaktionen des Überlebenswillens. Á la Rilke: „Wer spricht von Siegen, Übersteh'n ist alles".

Religion wandte flehend sich an Heiligkeit – etwa in Gestalt der „Heiligen Corona", die in der Aachener Umgebung schon vor Jahr- hunderten die Gläubigen vor der Pest schützen oder segnend ins Paradies begleiten sollte. Übrigens verehrt man sie bis heute noch in Niederösterreich!

Viele Pestsäulen und -brunnen südlicher Gemeinden zeigen nicht nur wahrhaft groteske Leidens-Massenszenen, sondern oftmals recht burleske oder fast vorahnend kafkaeske, ja, karnevaleske und gar

---

[5] Die ‚Pandemie' ist eine Epidemie, die alle (gr. *pan*) Völker (*demos*= Volk) trifft und *erschreckt.* – Vielleicht können wir – nomen est omen – den alt- griechischen bockshörnigen und bocksbeinigen satyrischen(!) Hirten- halbgott **Pan,** der in der „Stunde des Pan" (Mittagshitze) die Wächter der Herde und das Volk erschreckte, zur mythischen halb- oder abgöttischen Symbolfigur der **Pan-demie** ernennen, der/die *alles Volk erschreckt* – und *„Panik"* verursacht (dieser Ausdruck leitet sich wirklich daher!) Zumindest kann man das satyrisch und satirisch so sehen ... *Pan sei Dank!*

[6] Der Basler Totentanz wurde wohl um 1440 von der Malschule von Konrad Witz (sic!) vollendet.

[7] Ruinen-Inschrift dort: „Geheimnis: Babylon die Große, die Mutter der Huren und abscheulichen Dinge".
Vgl. a. Luthers Verdikt der „Hure Babylon".

humoreske, oft orgiastische Total-Panoramen, die an Bilder von Hieronimus Bosch erinnern – etwa an dessen schaurig-„expressionistischen" sodomitischen „Garten der Lüste".

Wie traditionell schon die Todestänze in/nach Pest-Zeiten feierten auch andere Sitten das Überstehen und Überleben, „Ventilsitten", wie Soziologen sagen. Gegen den „Schwarzen Tod" bot man „Schwarzen Humor" auf, bitteren Humor, geradezu „Galgenhumor" – wie bei Wilhelm Buschs tirilierendem Vogel auf dem Leim angesichts des nahenden Katers: „Der Vogel, scheint mir, hat Humor." „Humor ist, wenn man trotzdem lacht" – vor allem auch über sich selbst und die eigene Lage. Deutsche Politiker und Philosophen scheinen notorisch dazu nicht in der Lage zu sein. (Ausnahmen[8] mögen auch diese Regel fallweise außer Kraft setzen. Hoffentlich!)

Humor gilt in der neuen wie in aller alten Aktualität immer auch als eine ernste Angelegenheit: eine Lebensnotwendigkeit. Durchaus zu Recht – und so auch hier zur neuen Pandemie. – So gilt vielleicht meine Primaner-Weisheit (von 1954) auch heute noch und hier:

> „Außerdem hebt uns hervor,
> dass uns gegeben ist Humor,
> der uns gewiss noch aufrecht hält,
> wenn unsre Welt zusammenfällt."

Unser Corona-Bändchen stellt gefundene Corona-Gedichte von recht verschiedenartigen Autoren zusammen – und viele passende Karikaturen. – Besonderer Dank gilt unserem Karikaturisten Jan Tomaschoff für seine viro-artistischen Volltreffer.

---

[8] Eine fast einzigartige Ausnahme hierzulande war der leider schon verschiedene feinsinnige Philosoph Odo Marquard, der übrigens *busch*ikos (à la Wilhelm Busch) definierte: „Philosophie ist, wenn man trotzdem denkt". Der Wissenschaftstheoretiker Gert König fuhr fort: „Denken ist, wenn man trotzdem weiterwurstelt." Einer der Herausgeber (H. L.) erlaubte sich, beides in „Das Gefass" (2010, 22) fortzuspinnen: „Philosophisch denken ist, wenn man denkt, dass man trotzdem weiterwursteln kann/darf/soll/ muss."

Es finden sich Krimi-Autorin und Dialekt-Dichterin neben dem gestandenen Stadt-Kabarettisten, einem Verfasser lustiger Volksschauspiele, einigen Gelegenheitsdichtern sowie philosophischen, wissenschaftlichen und praxisübersättigten Ruheständlern aus Universität, Verwaltung, Handwerk, Kunst und Industrie.

Besonderen Wert legen wir als Herausgeber auch auf einige gelungene Schüler-Beiträge aus den Corona-Zwangsferien. Die Altersspanne der Beiträger reicht von 10 (!) bis 91 – in ganzer Breite des betroffen gemachten Lebens!

H. L.

Günther Stadtmüller

Corona treibt ihr Unwesen

Es schleicht ein Virus durch das Land
und hält uns fest in seiner Hand:
befällt die Leute, streckt sie nieder.
Es schmerzen Nase, Lunge, Glieder.
Bei manchem ist es noch viel schlimmer:
Es rafft ihn hin, und zwar für immer.

Lange hieß es: „Keine Panik!" –
wie seinerzeit auf der Titanic.
Wir geh'n bestimmt so schnell nicht unter –
Herr Spahn betonte es ganz munter.
Bis es das Virus anders machte,
ganz anders, als Herr Spahn sich dachte.

Das Virus ließ die Sau heraus
und breitete sich blitzschnell aus.
Aus China zog es in die Welt,
einfach so und nicht bestellt –
und hat verhältnismäßig leicht
den ganzen Globus jetzt erreicht.

Das hat man auch bei uns bemerkt,
die Abwehr ordentlich verstärkt.
Die Regierung hat geschaltet
und ihres Amtes gut gewaltet.

Jetzt sitzt man in des Hauses Ecken.
Das Risiko, sich anzustecken,
das ist sehr hoch: wenn einer niest
und gar per Handschlag dich begrüßt.
Deswegen heißt es „Abstand halten!" –
besonders von den ziemlich Alten.

Man verzichtet auf Kongresse,
sonntags auf die Heil'ge Messe.
Schüler bleiben brav zuhaus';
auch „Nockerberg" fiel diesmal aus.

Der Fußball machte erstmal Pause.
Am Wochenende keine Sause.
Die Kinos schlossen, kein Theater.

Herr Söder, unser Landesvater,
hat alles öffentliche Leben,
den ganzen Sportbetrieb daneben,
ausgebremst und untersagt
und will jedem, der es wagt,
sich darüber wegzusetzen,
Schupos auf die Pelle hetzen
und die Täter – unbestritten –
gnadenlos zur Kasse bitten.

Die Kneipen haben alle zu,
und überall herrscht Grabesruh'.
Unternehmen sind geschlossen.
Stündlich wird man unverdrossen
von den Medien instruiert,
wieviel' Menschen infiziert.

Herr Trump verkündet die Devise,
in seinem Land geb's keine Krise,
er habe alles fest im Griff,
für'n echten Notfall geb's ein Schiff:
dort weise man dann alle Kranken
samt Virus schnell in ihre Schranken.
Doch dann musst' Mister Trump zugeben,
das Virus ford're Menschenleben;
und mehrfach hat er nun betont,
Amerika bleib' nicht verschont.

Auch Englands jüngst gewähltem Leader
fuhr gleich das Virus in die Glieder:
Er krächzt mit schmerzlich lautem Ton
aus der Intensivstation.

Bei uns war es zum Haare-Raufen:
Denn wolltest Klopapier du kaufen –
da gab es plötzlich keines mehr:

Regale waren gähnend leer.
In diesen Zeiten muss man wissen:
Das Virus ist total beschissen!

Ich bin dafür – und zwar entschieden:
Man müsst' Corona glatt verbieten.
Und würde man das laut verkünden –
es würde eine Mehrheit finden.

Ich weiß, das kann man leicht so sagen –
doch muss man es ganz schlicht ertragen.
Das Übel, das Corona heißt,
uns allerdings schon längst beweist:
Wir haben zwar schon viel erreicht;
das Leben schien bequem und leicht.

Doch damit ist jetzt erstmal Schluss –
und das schürt Ängste und Verdruss.
So mancher fragt sich: „Wie geht's weiter?"
Die Antwort: Achselzucken. Leider.

Vielleicht hilft da die Kanzlerin:
Ich hab' noch ihren Spruch im Sinn
(und der war keinesfalls nur Spaß) –
sie sagte nur: „Wir schaffen das."
Sie sagte das aus gutem Grund,
ergänzt es dann mit „Bleibt gesund!"

Birgit Rutenberg

Perspektivenwechsel
Corona

Corona ist eine Chance!
Nein, die Wahrheit ist
dass Corona nur den Tod bringt
dass es uns zerstört
dass Corona uns alles nimmt
Ich glaube nicht
dass Corona unsere Rettung ist
dass es uns erweckt
uns entschleunigt
Corona durch Distanz zeigt, wie wertvoll Nähe ist
Es ist doch so
dass Corona uns voneinander entfernt
uns in den sozialen Abgrund stürzt
uns vernichtet
dass Corona uns einsam macht
Ich weigere mich zu akzeptieren
dass Corona uns zeigt, worauf es im Leben ankommt
dass wir menschlicher werden
zusammenhalten
aneinander denken
dass wir nachdenken
Es ist doch offensichtlich
dass Corona die neue Pest ist
dass wir alle sterben werden
dass dies unser Ende ist
Es wäre gelogen, würde ich sagen
Corona bringt uns zusammen

*

*Und nun lese man den Text zeilenweise von unten nach oben!**

---

* Ideen-Geberin: Iris Macke

19

Norbert Wolf

Der Spätling

Frühling ist es – Ende März:
Lebensfreude? Welch ein Scherz!
Denn uns überfiel CORONA:
Virenheere – trilliona.

Ach wie schlimm ist solche Seuche!
Hemmt Bewegung, füllt die Bäuche,
schürt die Angst vor dem Gekeuche
und der Anbindung an Schläuche,
reizt trotz Fitness auch zum Husten,
und man wagt nicht, feucht zu pusten.

Keine Treffs mit Lit-Korona,
Städel nicht mit Lisamona,
Sperre vor Friseur-Salona,
keine Reise nach Verona,
Gummihand beim Kauf von Bohna,
Taschentuch für Rückwärtszona.

Sitz' allein – ganz „in persona"
auf Terrasse und Balkona
(einzigen Gesundheitszona):
Traum von Flug mit Luftballona –
Landung auf dem Wolkenthrona.

Hör' CDs mit Baritona,
ab und zu auch Geigensona.
Trinke Wasser viel: Gallona!
Nasche haufenweis' Marona.
Schreib' Gedichte, les' Romona. (Pardon!)
Treib' die Zeit ver mit Sudona. (Pardon!)
Schimpf' auf den in Washingtona.
(Manchmal tröstet Hausmatrona.)

Ich bin in des Lebens Herbst:
Ist es Zeit jetzt, dass du sterbst?

Nein, wir dürfen weiter strahlen:
uns in Frühlingssonne aalen,
auch mit Optimismus prahlen,
Krickelkrakelbilder malen
und mit Girokarte zahlen,
einsam wandern auf Sandalen
(trotz der Fuß- und Hüftenqualen),
jeden Tag den Garten warten,
wunderschöne Vögel füttern,
Kindern lauschen – und den Müttern.
Nein – wir dürfen weiter hoffen:
gleich – ob nüchtern, halb besoffen.
Solang' noch ein Lüftchen weht,
ist's für Alte nicht zu spät –
und erst recht nicht für euch Junge:
Spürt den Lenz – in Herz, auf Zunge!
Kommt, wir stärken uns're Zunft
Mitgefühl und mit Vernunft.

(Am 29. März in der Liederbacher Wohna)

Hans Lenk

Heilige Corona! Pardona!

In Zeiten von Corona
träum' ich vom Kap Arkona,
fuhr oben hoch im Luftballona,
sehnte mich zum Balkan vom Balkona,
natürlich selbst nun in persona
in meiner eig'nen Wohna
und Quarantäne-Zona.
Dort träum' ich heute ganz allona
und denk' zum Beispiel an Ascona
und meine rudernde Korona –
jedoch mit schützender Maskona
Ich schreib's Gedicht noch ohna
Gehirn- und Händeschona
für Enkel und auch Sohna
sowie für meine Hausmatrona
und ganze family-Korona.
Man soll uns österlich verschona
mit Besuchen der Korona
aus Angst vor schlimmer Sars-Corona.
So schütze, Heilige Corona*,
als nunmehr SarsCoV2-Patrona,
die ganze Korona vor Corona!

---

* Die „Heilige Corona" galt im 14. Jahrhundert in der Aachener Gegend und gilt heute noch in Niederösterreich als Schutzheilige gegen Seuchen (damals Pest).

Fit gegen Corona

Hans Lenk

Die Reise nach Tarragona

Frau Monalisa Monacona,
sie wohnt am Ufer in Ascona
und träumt vom Tal* in Tarragona.
Sie reist zur Vera nach Verona
und fährt beglückt bis Bellinzona.
Sie fliegt beherzt nach Barcelona
und fängt beim Kosen sich Corona –
Aus ist der Traum von Tarragona!**

---

* Perspektivisch relevante Varianten: Tee, Tod, Teich, See, Fluss, Meer
** Variante der letzten Zeile: -vid: Aus der Traum von Tarragona!

Norbert Wolf

RAMONA und CORONA

(Kontrafaktur zum Walzerlied „Ramona" von M. Wayne
(Musik) L. W. Gilbrert (Text von 1928),
also auch – mit Freundin – singbar: aber nur mit Maske!

Ramona, zum Abschied sag' ich dir „Goodbye!"
Ramona, ein Jahr geht doch so schnell vorbei.
Verzag' nicht und frag' nicht,
denn in Gedanken bin ich doch bei dir.
Bei Tag bringt die Sonne,
bei Nacht der Mond den Gruß von mir.

Ramona, denk' jeden Tag einmal daran,
Ramona, dass nichts vergeht, was so begann.
Nach einem Jahr steh' ich mit Blumen vor der Tür;
Ramona – dann bleib' ich bei dir.

(Und hier die Kontrafaktur:)

Corona, zum Abschied sag' ich nicht „Goodbye".
Corona, dein Jahr geht – das hoffe ich – vorbei!
Verzieh' dich und verschwinde!
Ich denke grauenvoll an dich!
Tags scheint mir die Sonne –
doch nachts verfluch' ich dich, du Viech!

Corona, denk' jeden Tag zumal daran:
dass niemals vergeht, was einmal bös' begann!
Kommst du dereinst mal wieder
zweitwellig her zu mir –
Corona, dann bleib' lieber
draußen vor der Tür!

Rolf Anthes

Corona – und das Ich

Auf einmal ist das Virus da.
Entsetzt sieht man, was dann geschah.
Es greift uns an – an allen Ecken.
Man hört, man riecht, man sieht es nicht.
Man kann es auch partout nicht schmecken.
Und es hat kein Gesicht.

Gestoppt wird alles, alles ruht,
was man gern ohne Rücksicht tut:
mit Ellenbogen sich beweisen,
per Flug die ganze Welt bereisen,
auf Kreuzfahrt durch die Meere schippern,
im SUV-Mobil Speed ohne Bibbern.
Bar Wunder jetzt, was wunderbar!
So ist es im Corona-Jahr.

Denn plötzlich ist das alles aus:
Ganz tatenlos sitzt man zuhaus'.
Oh Herr – lass' es vorübergeh'n!
Nur Gutes wird durch uns gescheh'n!
Mit wenig woll'n wir glücklich sein -
auch wenn die Dinge noch so klein!

Endlich ist es vorbei – verschwunden ist das Grauen:
Mit klugen Taten woll'n wir uns're Zukunft bauen.

Jedoch es ist wie stets (und niemand hätte es gewundert):
Man konnt' es sich schon vorher denken,
wohin wir uns're Schritte lenken:
Gleich wieder steigt die Gier – von Null auf volle Hundert.
Was gut schon war geplant, schiebt man in einem Wisch
ruckzuck mit schneller Hand ganz einfach untern Tisch.

Schon wieder steht es vorn und ganz für sich –
das ICH!

Winfried Rathke

Seuchen im Rückspiegel

Vieles haben wir durchlitten,
als vergeblich noch die Bitten,
weil einst Schutzpatrone schliefen,
die wir laut um Hilfe riefen.
Krankheiten, die mal vorhanden,
haben wir knapp überstanden.
Denn uns heilte Medizin
und zerstörte das Toxin.

Mein Gott, das waren noch Zeiten!
Wenn wir die zurück beschreiten,
tauchen plötzlich da zuhauf
tolle Pandemien auf.
Was war drohend schon mal da?
Typhus, Pest und Cholera,
Milzbrand und Echinokokken,
Rotlauf, Diphtherie und Pocken.

Meningitis, Borreliosen,
Fuchsbandwürmer in den Hosen,
Masern, Mumps und Rückfallfieber
machten jede Aussicht trüber.

Dazu kamen Salmonellen,
Herpes, Krätze, Legionellen.
Schweinegrippe und Amöben
trachteten uns nach dem Leben.

Denkt Ihr noch an Botulismus?
Auch der Zahnstein am Gebiss muss
hier erwähnt sein, ebenso
Scharlach, Röteln, Polio.

Aussatz, Wundstarrkrampf und Lues
(hattest neulich nicht auch du es?),
Tripper, Tollwut, TBC,
Fußpilz, Zoster, BSE.
Kopfläuse nicht zu vergessen,
auch die Hasenpest in Hessen.
Keuchhusten ließ uns erschrecken,
ins Gesäß bohrten sich Zecken.

Heute ist man fast gesund.
Selbst der Wolf ist kaum noch wund.
Deshalb wird man gegenwärtig
bald auch mit Corona fertig.
Irgendwann wird alles enden –
aber auch die Dividenden.

Die neuen Bauernregeln

Heinrich Lauinger

Die Corona-Ampel

Steht sie nun auf Grün statt Rot?
Weist sie auf Hoffnung oder Tod?
Wenn sie leuchtet grell in Gelb,
führt sie auf sumpfig-schweres Feld,

soll jedoch Corona-Seuchen wehren –
nach klüglich ausgedachten Lehren,
die Infektionen ganz zu stoppen,
uns nicht mit Ungewissheit foppen.

Diese Ampel zeigt drei Seuchen-Stufen,
um Vorsichtssinn hervor zu rufen.
Doch dieses Mittel klarer Prävention
verschlingt Vermögen unserer Nation.

Nur in Städten hunderttausender von Leuten
sollen Ampeln solche Lagen deuten,
die Seuche, ihren Stand anzeigen,
damit die Zahlen nicht noch weiter steigen.

Schon gibt es eine Demonstranten-Kette.
Leute eifern heftig um die Wette:
Querdenker nennen sich die einen,
während voll Maskierte sich auf „Abstand" einen,

rund um den Bodensee die Hände fassen.
Fischer, Schwäne, Neptun gar aufpassen,
ob besagte Ampel steht auf Grün statt Rot! -

Doch am Ende sind wir alle tot.

Walther Tröger

Pandämonik

Wo schnell wird die Epidemie
zur absoluten Pandemie,
liegt es an alten Bräuchen,
die für die großen Seuchen
der Griechen Sprache wählten
und nicht mehr einzeln zählten.
Da kommt nun Robert Koch
und zählt die Opfer doch:
die Toten und Verwundeten,
die Kranken und Gesundeten.

So quält uns die Corona
von London bis Pamplona
und öffnet mit Furore
die Büchse der Pandore –
und gibt uns nun zu wissen,
was wir beachten müssen
zum Schutz von Mund und Zähnen:
mit strengen Quarantänen.
Wie ernst man das auch immer nimmt –
die zweite Welle kommt bestimmt.

Michael Wolf

Sintflut – die zweite

Gott rief bei Gevatter Hein kurz an:
„Dir winkt 'ne Woche Ballermann.
Wir hau'n in Malle auf den Putz,
natürlich ohne Atemschutz!

Sense, du hast enorm viel an der Backe:
mit Covid 19 – das ist Kacke.
Beim Kurztrip sollst du kurz verschnaufen.
Geh dir noch Badelatschen kaufen!

Mein Schöpfungswerk muss dennoch weg.
Die Menschheit macht ja nur noch Dreck!
Ich schau nicht mal mehr Tagesthemen,
für diese Honks muss man sich schämen!

Es machte Spaß in all den Jahren
zuzuseh'n, wie sie sich paaren.
Doch nun ist alles überfüllt
und der Planet krass zugemüllt."

Der Tod: „In lachhaft wenig Jahren
ist so viel an die Wand gefahren!
Kriege, Flucht, der Klimawandel,
und bald noch stirbt der Einzelhandel!

Aber sie so hinzuraffen
mit Corona, diese Affen –
finde ich denn doch zu hart!"
„Hm ..." Gott rieb seinen Rauschebart.

Der Sensenmann rief: „Mach's ganz schnell,
und wenn's geht schmerzlos – fucking hell!
Schick' noch mal 'ne große Flut ...
... nur ohne Arche ... Dann ist's gut!

Die Welt ist hoffnungslos im Arsch.
Drum, auch wenn's hart klingt – Wasser marsch!
Die Menschheit wird nicht lange leiden,
und wir schon gar nicht, wir zwei Beiden!"

Den Ausschlag gab dann ein Gestank
aus einem Messie-Kleiderschrank.
Der Mief zog rauf bis in den Himmel:
Stuhl und Urin, ein Hauch von Schimmel.

Gott ward es schlecht: Er ließ es regnen,
nicht ohne noch die Frau'n zu segnen.
„Die waren besser als die Männer ...
Hein, darauf trinken wir, du Penner!"

Sie zogen in die Wolke Sieben,
wo sie sehr häufig hängenblieben.
Und auf den Untergang der Welt,
wurd Hochprozentiges bestellt.

Sie zechten wüst – Alk-Overkill.
Auf Mutter Erde war's längst still.
Gott lallt: „Im Hals steckt mir ein Kloß!"
Der Tod: „Und ich? Bin arbeitslos!"

Jim Morrison kam angeeiert:
„Hi Opas – wird hier was gefeiert?"
Und lachend sang er, ohne Band:
„This is the end, my only friends, the end!"

Friese

Rentner-Corona

Ach wär' das Rentenleben fein,
könnt' man gänzlich ohne Keime sein!
Stets umlagert von den Viren,
muss ich in die Glotze stieren,
bis der letzte Rest Verstand
kommt bei RTL abhand.

Im TV muss ich jetzt lernen,
dass aus Osten, ganz dem Fernen,
also China, droht Gefahr,
die kurz genannt wird CORONA:
Killt die Leute, die schwer pusten –
gerne die mit Raucherhusten.

Hektisch gibt der Krisenstab
täglich neue Voten ab
und serviert dem Wählervieh
'ne Verschwörungstheorie.

Deutsche lieben Hamsterkauf.
Doch hält der das Virus auf?
Zwei Hamster für drei Leute –
das reicht doch nur für heute!

Reibt euch ein mit Sagrotan,
weil man ja nicht wissen kann,
ob im Alten, der da niest,
das Corona-Virus sprießt!

Jüngster Tag naht – das ist arg:
Immer teurer wird der Sarg.
Doch mich packt – wie ich mal tippe –
nur 'ne stinknormale Grippe.

Günther Stadtmüller

Vorsicht ist geboten

Es ist wieder Samstagmorgen,
Zeit, den Einkauf zu besorgen.
Frau Amanda steht bereit,
laut sie „Henry, Maske!" schreit,
damit der Gatte nicht das Stück
am Ende lässt im Haus' zurück.

Sie weiß ja, wenn der Mundschutz fehlt,
kostet das nicht wenig Geld.
Und vom Henry ist bekannt,
er vergisst schon allerhand.

Wie gesagt, sie kennt sich aus.
Gut gelaunt geht's aus dem Haus.
Kurze Fahrt, dann wird geparkt,
möglichst nah vorm Supermarkt.

Sie stapft rein mit forschem Schritt.
Er hinterher, er kommt kaum mit
und ist aus diesem Grund ganz froh:
die Blase drückt, er kann aufs Klo.

Im Laden selber denkt Amanda,
es kauft sich leichter, ist kein Mann da.
Später sammelt sie ihn ein
und wieder geht's ins Auto rein.

Als sie zuhause angekommen,
wird gleich die Maske abgenommen.
Doch als Amanda um sich blickt,
auf einmal sie so sehr erschrickt.

Und gleich ihr die Erkenntnis kam,
dass sie den Falschen mit sich nahm.
Der Henry sieht ganz anders aus.

Der vor ihr ist vielleicht ein Klaus.
Vielleicht ein Otto, Robert, Heinrich.
Auf jeden Fall ist's ziemlich peinlich.

Man sieht, wer sich am Kauf berauscht,
am Ende noch den Partner tauscht.
Dies Problem, man sieht es eben,
hat's vor Corona nicht gegeben.

Norbert Wolf

*Nonsense-*Masker*ade**

„O Henry", sprach ein Baske,
„leih' mir mal deine Maske.
Denn die ist unten ohne –
von wegen Mascarpone".
Doch Henry sprach: „Wie schade!
Ich muss zur Maskerade!
Versuch's mit Marmelade!
Ich schnupf' eh' oben ohne
und bin schon fast korone.
Drum lebe, mein Maskottchen:
Charlottchen!**
Sie ist meine Burg:
Wir boxen uns da durch.

---

* Anspielung auf den Meisterboxer Maske
** Zusatzvariante evtl.: Mein Kokottchen?

45

Gregor Paul

Corona 2020

Lepra, Pest und Mers und Sars,
lange schien es klar: das war's.

Wie bin ich da zutiefst empört.
Ist es doch einfach unerhört.

Eine Pandemie!
Corona heißt die Seuche.
Und statt freiem Atem
nur verzweifeltes Gekeuche.

Wieder Untertan der Krone!
Welch' Wiederkehr der Monarchie!
Statt Freiheit pure Despotie.

Epidemisch unterdrückt
fehlt dem Menschen, was beglückt:

Wie den Nachbarn an zu schrein,
ist man doch mit sich allein.

Vor allem aber frei zu shoppen,
statt sich um Klopapier zu kloppen.

Günther Stadtmüller

Neues von der Trumpel-Front

Überall auf dieser Welt,
da macht man sich Gedanken,
wie weist man das Corona-Virus
schnellstmöglich in die Schranken.

Es wird palavert, diskutiert
von Kuba bis Georgien.
In der Zeitung liest man dann
von Debattierclub-Orgien.

Experten raufen sich die Haar':
Minister, Virologen.
Die Absicht, die dahinter war:
zu glätten nur die Wogen.

Überall, wohin man schaut,
groß ist das Gejammer.
Manchem auf den Kopf schon fällt
die Decke seiner Kammer.

Jetzt hat der US-Präsident
wieder mal getwittert.
Viele schütteln nur den Kopf,
and're sind verbittert.

Wie immer selbstbewusst und laut,
tönt Trump, es könnt' was werden,
wenn man seinen Rat befolgt,
von ihm als dem Experten.

Gegen Covid und Corona,
diese schlimme Infektion,
hilft in seinen Augen eins,
und zwar Desinfektion.
Die kauft man sich im Supermarkt

und füllt sie in die Spritze.
Man jagt sie in den Hintern rein,
und hofft, dass sie was nütze.

Dieser Ratschlag hat verblüfft,
zum Teil auch aufgewühlt.
Hat da vielleicht Herr Trump sein Hirn
mit Ajax klargespült?

Vielleicht empfiehlt demnächst er's dann,
als selbst ein alter Stalker,
für die Demenz, sobald sie ihn beschleicht:
da hilft bestimmt **Entkalker**.

Ovid + H. L.

Einwurf für lateinkundige (C)Ovidianer und Virologen

Lateinische Ableitungen

Ut desint vires,tamen est laudanda voluntas (Ovid II 4, 79) *sportlich, psychisch*

Ut desint vires viri, tamen est laudanda voluntas	*erotologisch*
Ut desint vires, tamen est laudanda voluptas	*erotisch*
Ut desint viri, tamen est laudanda voluptas	*feministisch*
Ut desint virologi, tamen sunt laudandi voluntarii	*coronistisch*

Günther Voss

Homo Corona creationis

Man muss in diesen tristen Tagen
sich hin und wieder dieses sagen:
Im medialen Angstrumor
da hilft am besten der Humor.

Made in China und die Folgen

Corona, so hab' ich gelesen,
bescherten uns jüngst die Chinesen.
Von Mund über Zunge
und Hals in die Lunge.
Danach ist man dann nur gewesen.

Musst du jetzt öfter trocken husten
und kannst auch nicht mehr richtig pusten,
hast du Coronal in der Lunge.
Sie flüstern leis': „Goodbye, mein Junge".

Frühling 2020

Erwacht sind jetzt die Frühlingsdüfte,
Coronen wabern durch die Lüfte.
Ob Masken nützen,
um sich zu schützen?
Es füllen trotzdem sich die Grüfte.

Über allen Feldern ist Ruh',
in allen Wäldern spürest du
kaum einen Hauch.
Nur Jogger keuchen im Walde.
Warte nur, balde:
Keuchst du dann auch?

Die Deutsch-Schweizer Grenze ist zu.
In diesem Lenze spürest du
kaum Freund' und Lust.
Gesperrt sind gar Pfade im Walde.
Warte nur, balde
endet der Frust.

Guter Rat ist nicht teuer

Schritt für Schritt auf kurze Sicht,
mit Abstand, Maske im Gesicht,
da werden die Viren
wohl kapitulieren.
Man mag es glauben – oder nicht.

Ein Mensch mit Anstand und Verstand
hält Abstand, wäscht sich oft die Hand.
Er akzeptiert die Maskenpflicht,
niest anderen nicht ins Gesicht
und meidet allzeit Menschenmassen,
die ungern von Bespaßung lassen.
So minimiert er Aerosole
für sich und andere zum Wohle.

Ein Mensch, der niest – ich sag's mal kurz –
entlässt mit solchem Nasenfurz
ein unsichtbares Aerosol.
Coronen fühlen sich dann wohl
werden alle infizieren,
die diese Viren inhalieren.
Drum lass' nicht and're an dich ran,
denn es kann sein, man steckt dich an.
Auch anders 'rum kann es passieren,
dass du sie ansteckst mit den Viren.

Der Kettenraucher Philipp Runge
hat sehr viel Teer in seiner Lunge.

Der schwarze Dreck
sei Virenschreck,
erzählt er mit belegter Zunge.

Andersrum

Wären Schweine Menschen, Menschen Schweine,
gäb's bei Corona nur das Eine:
Die Schweine würden Menschen keulen.
Wär' das nicht schrecklich und zum Heulen?

Corona-Wahrheiten

Deine Wahrheit ist nicht wichtig,
seine Wahrheit ist nicht richtig,
Eines aber ist ganz klar:
Meine Wahrheit – die ist wahr.
(Doch insgeheim müsst' ich bekunden:
Auch ich hab' sie noch nicht gefunden.)

Günther Stadtmüller

Es geht aufwärts

Es gärt in uns'rer Republik,
der Protest wird immer lauter.
Manchem schon der Kragen platzt,
auf die Pauke haut er.

Er reißt die Maske vom Gesicht,
er motzt und protestiert.
Er fühlt sich von der Obrigkeit
nicht richtig informiert.

Theorien machen sich
in vielen Medien breit:
Verschwörungen bedrohen uns,
von überall – und gar weltweit.

Die Rede ist da von Bill Gates,
dem Chef von Microsoft.
Ihm wird schon länger nachgesagt,
dass er nur darauf hofft:
Die Welt alleine zu regier'n,
deswegen fiel ihm ein,
ich lass Corona von der Kette,
das Virus schafft's allein.

Da bin ich doch unendlich froh
über Meldungen wie diese,
dass man gewisse Lockerungen
im ganzen Land zuließe.

Seit Samstag rollt der Ball jetzt wieder,
man konnt' es kaum erwarten,
die Bundesliga – Gott sei Dank,
sie durfte wieder starten.

Und außerdem gibt's wieder Bier
ab Montag in den Gärten.
Vielleicht verstummen jetzt auch die,
die vorher sich beschwerten.

Das war im alten Rom schon so.
Wenn damals schon der Kaiser
sein Volk im Rausch benebelt hat,
dann wurde es schnell leiser.

In diesem Sinne sind bei uns
ganz glücklich sicher viele.
Sie stellen sehr befriedigt fest,
wir haben Bier und Spiele.

Bezüglich Bier wär' zu ergänzen,
der Spruch fällt mir grad ein.
Schon in der Bibel steht: Der Mensch
lebt nicht vom Brot allein.

N. N.

(K)ein Bayer trinkt Corona-Bier

Ein Xaver trinkt Corona-Bier –
bis Kopf und Nase werden rot –
schluckt wie ein Stier schon mehr als vier
vom Bier, als Wastels Finger droht:

Wer trinkt denn noch „Corona"-Bier?
In Bayern gilt das schöne Wort:
„Es gibt ja auch Paulaner hier";
Man säuft es in „a Maaßen"* dort.

---

* Variante für Nordlichter (N. L.): „... gar in Massen dort"

Günther Stadtmüller

Lichtblick in haarigen Zeiten

Meine Herrn, was bin ich froh:
Endlich hat mein Figaro
seinen Laden wieder offen
und ich kann berechtigt hoffen,
dass es ihm dann auch gelingt
– wenn er seine Schere schwingt –,
mich am Kopf so zu gestalten,
dass mich Leute wieder halten
für den sie mich von früher kannten,
als sie mich noch Günther nannten.

Seit Corona-Zwangsmaßnahmen,
die so kurz nach Fasching kamen,
war's auch für Friseure aus,
sehr zur Freude mancher Laus,
die in mancher Haarpracht hauste,
welche sie gar arg zerzauste.

Meine Frau war von den Socken
angesichts all meiner Locken,
die begannen, wild zu sprießen
und sich kaum mehr kämmen ließen.
Ich – geneigt, an meinem Kopf
mich einzustimmen für 'nen Zopf,
fragte mich, wie würd' ich's finden,
notfalls einen Dutt zu winden.
Ein Nachbar schlug mir Dreadlocks vor,
das Rastafari-Haardekor,
bei Bob Marley einst zu seh'n:
Bei ihm fand ich's damals ganz schön.
Bei mir dagegen war mir klar:
Es fehlt da sehr an Mittelhaar.

Die Überlegung mit den Haaren
kann ich mir mittlerweile sparen:
Die Regierung hat getagt
und hat hinterher gesagt:
Auch in diesen schweren Zeiten
darf man Haare wieder schneiden.
Folglich trennt sich mancher Kopf
ab sofort vom alten Zopf.

Ich hab' jetzt eines nur im Sinn:
Wann krieg' ich den Frisör-Termin?
Ich hoffe sehr, dass er nun macht 'en
für mich noch möglich vor Weihnachten.
Ansonsten hilft der Rat der Frau:
Meld' dich in Oberammergau!
Vielleicht ist's möglich bei den vielen
Langbehaarten mitzuspielen.
Und außerdem – das weiß man schon:
Corona-Zeit ist auch Passion!

Die Polizei rät:
Lassen Sie keine Wertgegenstände
von außen sichtbar im Fahrzeug
liegen.

Ida
(aus der Katzenklasse, Parkschule Wülfrath, 4. Klasse)

Coronazeit

Die Coronazeit jetzt alle nervt,
was auch ein jeder selbst bemerkt.
Es ist doch alles irgendwie verkehrt.
Und alle Schulen sind nun zu.
Zuhaus hat keiner mehr noch seine Ruh'.

Stay @ home, wir bleiben hier!
Oh nein – wir haben gar kein Klopapier.
Home-office ist der neue Trend bei dem Papa.
Online-Therapie – so heißt's bei der Mama.
Home-schooling nervt, home-office-working auch:
Sind alles Dinge, die wirklich keiner braucht!
Hätt' nicht gedacht, dass ich sowas mal sage:
Bis ich die Parkschule vermisste, war'ns nur'n paar Tage.

Stay @ home! Wir bleiben hier!
Stellt euch nicht so an:
Kein Mensch braucht so viel Klopapier!
Uns Kindern tun die Knochen weh:
vom vielen Sport – Oh jemine!
Das Joggen, Fahrradfahr'n sind uns're Pflicht.
Sonst kommst du vors Familiengericht!

Stay @ home! Wir bleiben hier!
Stellt euch lieber vor, wir hätten noch viel Klopapier.
Nur Langeweile fühl'n wir nicht.
Deswegen schreib' ich dies' Gedicht.
Zu Hause hab' ich viel gemacht:
Gebäck, gekocht, bei Gartenarbeit auch gelacht,
gesungen, getanzt, gespielt – zu viert;
mein Fenster mit Regenbogen schön verziert.

Stay @ home! Wir bleiben zu Haus!
Wir hoffen, Ihr tut's auch!
Das Klopapier ist fast leer;
wir brauchen endlich wieder mehr.
Woher nehmen? Gott erhalt's!

Auch Mehl, Öl, Nutzpapier und Salz
gibt's hier gar nicht mehr zu kaufen,
weil alle sich drum ernsthaft raufen.
Seit Wochen sind Regale völlig leer:
Beim Kauf jedoch von Klopapier -
da freuten wir uns wirklich sehr
und freu'n uns auch zu Hause hier.

Stay @ home! Wir bleiben zu Haus!
Das Papier – Ihr wisst wofür – reicht vorerst wieder aus.
Vermissen wir die Pausen?
Doch die Freunde und den Sport besonders doll!
So langsam find' ich auch – uns're Parkschul' wieder toll!
Bis bald! Und bleibt gesund!
Und – stay @ home!

Franca
(Euregio-Gymnasium Bocholt)

Corona Franca

Das Corona-Virus ist weltweit.
Wir sind noch alle lernbereit.
Wir haben's aber langsam satt,
doch macht Corona uns nicht platt.
Wir alle müssen häuslich bleiben
und selbst die Langeweil' vertreiben.
Wir dürfen nicht einmal hinaus.
Doch Klopapier geht uns nicht aus.
Corona ist der Schreck der Welt,
der uns zurzeit in Atem hält.
Wir alle sollen Masken tragen
und auch noch jedes Fest absagen.
Liebe Leut', passt nun gut auf:
Das Virus nimmt g'rad seinen Lauf!

Joos
(Euregio-Gymnasium Bocholt)

Corona, Corona!

CORONA, CORONA –
Geburtstag ohne Opa und Oma.
Händewaschen ist ganz wichtig –
aber bitte mach' es richtig!
Toilettenpapier gibt's nicht zu kaufen;
auch um Mehl und Nudeln muss man raufen.
Freunde treffen geht nicht mehr –
das fällt uns allen doch sehr schwer!
Fußballspiele fallen aus.
Denn wir bleiben ja zuhaus'.
Home-schooling ist der neue Schrei –
und wir sind alle mit dabei.
In den News hört man nur noch ein Wort:
CORONA, CORONA – wann bist du fort?

Joscha
(Euregio-Gymnasium Bocholt)

In der Corona-Zeit

Wenn ich zurückdenk' an das Jahr,
als noch nicht Corona war:
Wir konnten in die Schule geh'n
und auch noch uns're Freunde seh'n.
Papa war nicht oft zuhaus.
Man stand um sechs Uhr morgens auf,
und danach – das war ein Muss –
ging's zur Schule mit dem Bus.
Doch plötzlich ist Corona da –
und nichts ist mehr, wie es mal war.
Wir dürfen niemand mehr besuchen.
Ja – das ist wirklich echt zum Fluchen.
Das Klopapier ist jetzt der Hit,
auch Nudeln nehmen viele mit.
Vor den Läden gibt's Gerangel
in den meterlangen Schlangen.
Langeweile herrscht zuhaus':
Wir geh'n täglich alle raus.
Mit dem Rad geht's durch den Wald.
Viel wird gekauft – mit Sorg(en)falt.
Ich habe viele Ängste – oh no! –,
und zwar um Oma, Opa und Co.
Deshalb hoff' ich auf die Wende:
dass Corona geht zuende!

Lisa
IGS Flötenteich Oldenburg (Klasse 8 D) 22. Juni 2020

Wie wird's?

Sommer. Stillstand herrscht in diesem Land.
Fliegen Flieger durch die Lüfte?
Keine Taschen an der Hüfte,
höchstens Handys an dem Band.
Menschen hoffen noch:
Woll'n doch wieder reisen!
– Horch, die Nachricht kommt von Robert Koch.
Sommer. Wie wird's?
Liegt's in uns'rer Hand?

(Kontrafaktur zu Eduard Mörike: „Er ist's")

Horst Miersen

Hurra, wir sparen!

Der Maibaum wird nicht aufgestellt –
da sparst du schon beim Saufen Geld.
Zu Pfingsten bleibst du ja zu Haus –
da gibst du keine Euros aus.
In Urlaub kannst du auch nicht fahren –
da kannst du mal so richtig sparen.
Und sparen kannst du auch sehr fest,
gehst du nicht aufs Oktoberfest.
Auf Weihnachtsmärkten sparst du ein
viel Geld bei Bratwurst und Glühwein.
Und Weihnachten bei dir zu Haus
gibst du nichts für Geschenke aus.
Silvester dann ohne Raketen –
da sparst du ebenfalls Moneten.
Du denkst dann froh: Im neuen Jahr –
ist toll doch, wieviel Geld ich spar'!.
Doch die Moral von der Geschicht':
So ein Leben will ich nicht!

Winfried Rathke

Impfstoff Riesling

Man bildet jetzt – welch Firlefanz! –
mit Impfstoffen 'ne Allianz.
Im Wettlauf wird da stolzgeschwellt
ein Wundermittel hergestellt,
das demnächst – was ja gnadenvoll –
die kranke Menschheit heilen soll.
Es forschen Pharma-Unternehmen,
um Krankheitskeime rasch zu zähmen.
Man könnte bald Produkte mieten,
wie „Astra-Zeneca" bei Briten.
„Sanofi" prüft jetzt die Prognosen
von Viruskillern bei Franzosen.

„Biontech"-Mainz macht auch mobil
und ist angeblich fast am Ziel.
Auch Dietmar Hopp mit „Curevac"
lässt jetzt die Katzen aus dem Sack.
Doch grenzt das Ganze irgendwie
an Perversion und Idiotie!

Denn hier im Rheingau haben wir
ein wunderbares Elixier.
Das schafft bei uns – und ganz diskret –
ganz sichere Immunität.
Man nimmt es täglich – nicht zu knapp.
Dann prallt das Virus bei uns ab.

Das ist ein Zaubertrank aus Flaschen,
an denen wir genüsslich naschen.
Es ist der Riesling, der hier wächst:
Corona wird durch ihn verhext.
Man lässt ihn durch die Kehlen laufen,
sodass die Viren drin ersaufen.
Man trinke kein Corona-Bier,
jedoch sehr wohl den Riesling hier!

Die Anwendung ist leicht – total:
Man spritzt den Impfstoff ein oral.
Die Winzer mühen sich schon sehr:
Sie stellen dauernd Impfstoff her.
Der kostet zudem wenig Geld.
Er reicht auch für die ganze Welt!

Auch wenn die andern jetzt noch schimpfen –
der Rheingau kann die Menschen impfen!
Und auch der Landrat, den ich kenn',
sagt immer wieder: „Yes – we can!"

N. N.

Unbewegter Tod

Ein Mensch, der sich das Virus fing,
der sagte sich: „Dat is' 'n Ding:
Ich komme jetzt ganz schnell ins Schnaufen
Und brauch' dazu nicht mal zu laufen,
auch nicht mit anderen zu raufen."

So ist er mit sich selbst zufrieden
hinnieden **un**bewegt verschieden.
Und uns erinnert dieser Tod
doch sehr bewegt an Eugen Roth.

N. N.

Der letzte S(ch)atz

Ein Virus macht sich auf die Reise
Nach Ost, West, Süd auf schnellste Weise
Es ist wahrhaftig keine „lahme Ente":
„Corona(v)"wirkt als hochpotente
Eroberin fast aller Kontinente,
versagt sich aber der Antarktis
als ödem Eis- und Kälte-Wagnis.
Wie bei den fremdbelebten Viren
und mangels Lebendopfer-Tieren
verzichtet es nun „weise
auf den letzten Teil der Reise".
Es findet so den letzten S(ch)atz
im Werkchen von Jo Ringelnatz.*

---

* „In Hamburg lebten zwei Ameisen,
   die wollten nach Australien reisen.
   Bei Altona auf der Chaussee
   da taten ihnen die Beine weh,
   und da verzichteten sie weise
   dann auf den letzten Rest der Reise.

   So will man oft und kann doch nicht
   und leistet dann recht gern Verzicht."

                    Ringelnatz

Wolfgang Eichhorn/Hans Lenk

Corona! Neu-Pest?

Auf SarsCov2 folgt Todesqual
und führt die Welt ins Jammertal.
Verboten ist Gemeinsamkeit,
erlaubt ist fast nur Einsamkeit.

Das Wirtschaften wird eingeengt,
Konsum bei Tun und Zweck verdrängt.
Man ahnt in diesem Zwecke-Zwist,
dass SarsCovid die Neu-Pest ist;
dass allzu viele sterben werden
an den begleitenden Beschwerden.

Zur Abwehr dieser Pestilenz
raten wir – in Kurz-Essenz:
Abstand halten allemal –
das nur ist hier echt sozial!
Auch Mund-und-Nasen-Masken tragen,
kaum Husten, Prusten, Keuchen wagen –
und achten auf die Aerosole,
damit die Menschheit sich erhole
von SarsCov2-Attacken.

Dann werden wir es sicher packen,
dass wir ein Impfstoff-Serum kriegen,
um das Virus zu besiegen.

Hans Lenk

Vogelfrei

Veni, vidi, vici *

Ich bin das Virus „Vogelfrei"
und fliege durch und um die Welt.
Ich heiße heute SarsCov2,
das man für sehr gefährlich hält.

Ich machte es wie andre Viren,
die aus dem Land der Mitte kamen,
und fiel von Fleder-, Gürtel-Tieren
auf Menschen-Märkten aus dem Rahmen.

Ich sprang von dort auf Menschen über
– von Fleisch zu Fleisch und immer wieder –
und infizierte Eltern, Schwestern, Brüder
wie einst die Vogelgrippe das Gefieder.

Ich attackierte Menschenleben
zum großen China-Neujahrsfest;
darf nun in Supervögeln schweben
auf großer Reise nach Fern-West.

Ich greif' mir Arbeits-Kulis auf der „Reise
nach" dem „Westen", erwisch' davon die meisten.
Ich pflanz' mich selber fort auf leise Weise,
bediene Tausende, die mit mir reisten.

Ich komm' ins Land, „wo die Zitronen blühn",
wirke dort und kann die Chancen weiten,
wo Langohren in die Berge ziehn
und ski-bebrettert abwärts gleiten.

---

* „Ich kam, ich sah, ich siegte": Cäsar nach einem besonders schnellen
Sieg (4 Stunden) im Jahre 47 v. Chr. bei der Schlacht von Zela gegen
Pharnakes II von Pontus.

Ich suchte dort das Apres-Ski
in der dunklen Kellernacht:
Beim Disco-Rangeln eng – und wie!
Ich kungelte mit einer Magd.

Ich sprang auf viele Westler über,
die heim in Supervögeln flogen –
nach Thule, in die Neue Welt hinüber –
und mich in alle Kontinente zogen.

 Ich habe Kind- und Enkelviren millionenfach vermehrt:
Erfolg erreicht – er könnte kaum noch besser werden.
Ist die Vermehrungsleistung denn verkehrt?
Ich herrsche nun in Langohr-Ländern überall auf Erden.

Ich ende gern mit der „Moral von der Geschicht'":
Je mehr und stärker – explosiv! – g'radzu olympisch-zünftig! –
je schneller reisen, endlos mehren: umso eher stimmt's Gedicht:
Die Langohr-Strategien – ich besiege sie auch künftig*.

---

* Variante: Sie siegen sicherlich auch künftig.

Marie Mehrfeld

flügellos fliegen

genug schwarzweiße bunt sanft heilende
oder wütende Worte und Gesänge heiliger
und unbeteiligter Texte und Lieder stecken in

dir, und wenn man dein Licht ausblasen,
das Genick deiner zu stolzen Gesinnung
brechen will, summ sie, sing sie, wirf sie

gegen die Wand, die dir die Sicht verbaut,
ihre Kraft wird dich retten vor dem Sturz
in die Schwärze und vor der Angst um die

Ohren, deren Pfeifen noch lauter klagt als
der Winterwind im Schlot deines Kamins,
halt dich nur fest am vom Alter zerfurchten

Stamm deines Baums und frag ihn nach dem
Ziel und nach dem Sinn und lausche seinem
wissenden Flüstern in der einen Minute vor

Mitternacht, bemüh dich nicht länger darum,
alle die Toten laut zu beklagen, die du ihren
Weg ziehen lassen musstest, es sind zu viele,

es tut sich was zwischen Himmel und Hölle
in dieser ängstlich hoffnungsvollen Zeit des
Umbruchs, in der wir die Hände nicht halten

dürfen, doch die Augen hinter den Masken,
sie signalisieren den Aufbruch, nicht den
Untergang, und in der Phantasie lassen wir

unserer Erinnerung freien Lauf, sie spiegelt
uns genug Liebe und viel zärtliche Wärme,
flügellos fliegen ist leicht auch in dieser Zeit

Thomas Gsella

Corona-Lehre

Quarantänehäuser sprießen
Ärzte, Betten überall
Forscher forschen
Gelder fließen
Politik mit Überschall
Also hat sie klargestellt:
Wenn sie will, dann kann die Welt

Also will sie nicht beenden
Das Krepieren in den Kriegen
Das Verrecken vor den Stränden
Und dass Kinder schreiend liegen
In den Zelten, zitternd, nass
Also will sie: Alles das.

Marie Mehrfeld

bleibt keine Zeit mehr

zeit ist zur unzeit höchste zeit
bleibt keine zeit mehr was ist
zeit hörst du sie wimmern ihre
toten dürfen nicht mehr geehrt

werden in dem südlichen land
stapeln sich blaue plastiksäcke
keine zeit für die särge auch das
heulen der klageweiber es dringt
zeitlos verhalten durch ihre atem
masken gestern noch servierten
tisch decken schlafanzug hosen
eingewickelt in das große graue

trauertuch weint das ganze land
weinen alle überall auf der erde
sind wir so gleich geworden und
die abschiedstränen sie verlaufen
sich im zeitlosen nichts seite um
seite siehst du schwarze kreuze
in den tageszeitungen welche last
hast du papier zu tragen nach dir

du corona wird nichts mehr sein
wie zuvor doch wenn wir wieder
dürfen werden wir uns tage lang
nächte lang jahre lang in armen

liegen und streicheln lachen hand
in hand aug in aug wann wird das
sein ja zeit ist zur unzeit höchste
zeit was bleibt – und was ist zeit

Marie Mehrfeld

Ein ganz persönliches Stimmungsbarometer

Das ist mein Stimmungsbarometer –
mal geht es rauf und mal tief runter,
mal ist es Lob und mal Gezeter,
doch bin ich im Prinzip noch munter,

schräg gegenüber, dieser Schwede,
der ist jetzt krank, den hat's erwischt,
auch von Konzert ist keine Rede,
mein Optimismus, der erlischt,

und ja, es lässt mir keine Ruh,
schon wieder leere Straßen, Gassen,
schon wieder ist mein Kino zu,
verschreckt bin ich und kann's kaum fassen,

denn mich besucht kein Enkel mehr,
so manche Hoffnung ist zerronnen,
Regal mit Klopapier ist leer,
das Hamstern hat erneut begonnen,

schon wieder kommt die Tochter nicht,
sie sagt, die Alten muss man schonen,
sie hat ja Recht, aus ihrer Sicht,
doch es ist grausam, einsam wohnen,

du Lockdown! bist so hundsgemein,
du bist so fies, ich halt's kaum aus,
ich rauf die Haare, schreie NEIN! -
schon wieder nur mit mir zu Haus,

nun trink ich schon den vierten Wein,
geheult hab ich und viel gegrübelt,
Politiker möcht ich nicht sein,
was sie auch sagen, wird verübelt,

die einen schrei'n, es ist zu viel,
die andren meinen, viel zu wenig,
ich spür diffuses Angstgefühl,
die Furcht, sie wiegt, sie wird zum König,

es scheint so schwer, Verzicht zu leisten,
die Abstandsregeln einzuhalten,
doch es gelingt den Allermeisten,
man lässt im Grund die Einsicht walten;

schon wieder bricht die Nacht herein
mit ihren schwarzen Rabenschwingen,
ich füge mich, das muss jetzt sein
und übe mich im Summen, Singen,

zum Glück bleibt mir ja noch das Schreiben,
denn was ich denke, fließt in Worte,
lässt mich auch einzeln fröhlich bleiben,
ich teil's mit euch – an diesem Orte,

das ist mein Stimmungsbarometer –
mal geht es rauf und mal tief runter,
mal ist es Lob und mal Gezeter,
doch bin ich im Prinzip noch munter ...

Marie Mehrfeld

... denn Liebe wirkt auch aus der Ferne

Die Seuche droht der ganzen Welt,
nichts zählt nun weniger als Geld,
die Straßen, Plätze, leer gefegt,
sich draußen kaum noch Leben regt,
man wünscht sich fort auf einen Stern,
hält sich von andren Menschen fern
und mag der Zukunft kaum noch trauen,
die Krise hat uns in den Klauen,
man nimmt nun Abstand auf den Wegen
und streckt sich nicht die Hand entgegen,
Umarmung darf uns nicht mehr locken,
wir lauschen auf die Kirchenglocken,
sie trösten uns mit ihrem Klingen,
man sieht auch, wie die Menschen singen
auf den Balkonen und am Fenster,
Gesang vertreibt nun die Gespenster
der Furcht für eine kleine Weile,
man bleibt zuhaus, vergisst die Eile
und schließt sich ein in den vier Wänden
und hofft, bald wird der Wahnsinn enden,

doch in der Enge regt sich Streit,
nicht jeder Mensch ist jetzt bereit,
sich in die Lage einzufügen,
dies zu verleugnen hieße lügen,
das sind für alle schwere Zeiten,
doch hat die Krise gute Seiten,
es rauchen keine Schlote mehr,
und auch der Himmel still und leer,
kein Smog verbaut die Sicht aufs Land,
das ist doch gut, sagt der Verstand,

Zeit hat man jetzt im Überfluss,
liest einen Krimi mit Genuss,
selbst Hass und Häme geben auf,
das Sorgen frisst das Hetzen auf,
und noch ein Vorteil, das ist wahr,
die Luft über dem Erdball – klar,
ob jung, ob alt, ob arm, ob reich,
ganz plötzlich sind wir alle gleich,
hol nun die Farben aus dem Schrank
und mal ein Bild, sonst wirst du krank,

sing zur Gitarre, dass es schallt,
geh auch spazieren mal im Wald,
kannst endlich inn'ren Schutt ausräumen
und in der Nacht vom Fliegen träumen,
stimm dich nun froh auf Stille ein
und lass das Murren, Jammern sein
und hab die Deinen weiter gerne –
denn Liebe wirkt auch aus der Ferne.
Mit Zuversicht, Geduld und Mut
und Disziplin – wird's danach gut.

Epilog

Audiatur et altera pars

Hannes Stein

Persönliche Gegendarstellung des Corona-Virus*

Sie tun mir unrecht, meine Damen und Herren; Sie beleidigen mich. Sie nennen mich „Killervirus". Glauben Sie mir, wenn ich es darauf anlegen würde, Sie umzubringen, würde ich es tun. Aber selbstverständlich lege ich es nicht darauf an. Ein Virus, das seinen Wirt umbringt, erledigt seinen Job schlecht. Ein Virus will nur eines – es will sich ausbreiten. Just aus diesem Grund rufe ich bei vielen, die mich weitertragen, gar keine und bei den meisten nur ganz milde Symptome hervor. Dass ich manche meiner Wirte in den Tod stürze, würde mich zutiefst bekümmern, wenn mich überhaupt etwas bekümmern würde. Diese bedauerlichen Todesfälle sind einfach darauf zurückzuführen, dass wir uns noch nicht aneinander gewöhnt haben.

Wenn ich mich erst einmal weit genug unter euch Menschen verbreitet habe, werde ich mich in einen harmlosen Schnupfen verwandeln. Versprochen! Lassen Sie mich zudem festhalten: Ich habe mir keineswegs ausgesucht, auf einen menschlichen Wirt überzuspringen. Es ist halt passiert, wie so vieles in der Weltgeschichte passiert – durch einen dummen, an und für sich bedeutungslosen Zufall. Nur im gleichnishaften und sehr übertragenen Sinn kann übrigens davon gesprochen werden, dass ich, das Coronavirus, etwas „will". In Wahrheit habe ich keinen Willen. Wenn ich in eine menschliche Zelle eindringe und dort Verwüstungen anrichte, dann nicht, weil mir das Vergnügen bereitet, sondern infolge gewisser chemischer Reaktionen, über die auch ich keine Gewalt habe. Es ist ein natürlicher Prozess, c'est tout.

Werden Sie wohl endlich aufhören, über die Natur mit so viel romantischer Verklärung zu sprechen, wenn die von mir ausgelöste Seuche vorüber ist? Werden Sie endlich aufhören, die Natur eine

---

* Text übernommen aus der WELT 12.05.2020

Mutter zu nennen? Wenn überhaupt, dann ist die Natur eine böse Stiefmutter, so wie in den dunkelsten Märchen der Brüder Grimm. Ist Ihnen klar, dass ich etwa zurzeit William Shakespeares keiner weiteren Erwähnung wert gewesen wäre – dass mich damals niemand auch nur bemerkt hätte? Shakespeare starb mit 52 Jahren, das galt damals als reifes Mannesalter. Von seinen Kindern starb immerhin nur ein einziges. Dass es unter euch Menschen mittlerweile so viele Greise gibt; dass Eltern von ihren zehn Kindern nicht mehr sieben begraben müssen – das hat nicht die Natur so eingerichtet. Das liegt allein an der menschlichen Erfindungskraft, an der modernen Medizin, die am Ende (ich ahne es wohl) auch mich besiegen wird.

Ihr erzählt euch Schauergeschichten über mich – wie jene von dem Kirchenchor im Bundesstaat Washington, der am 10. März eine Chorprobe abhielt. Mehr als 100 Menschen kamen. Sie hielten Abstandsregeln ein, sie wuschen sich die Hände; aber hinterher erkrankten 45 Chormitglieder an Covid-19, und zwei starben. Es genügte, dass sie sich in einem Raum aufhielten und mit offenem Mund sangen, um mich, das Virus, durch die Luft zu schleudern, von einem Wirt zum andern. Aber habe ich den Leuten denn geraten, mitten in einer Seuche eine Chorprobe abzuhalten? Habe ich ihnen eingeredet, dass sie – anders als die Leute in Asien – keine Gesichtsmasken tragen sollen? Die Wahrheit ist, dass es sehr leicht ist, mich umzubringen; ein bisschen UV-Licht genügt. Ventilatoren verwirbeln mich, oft auf Nimmerwiedersehen. Halte ich euch davon ab, jeden Raum, in dem sich Menschen aufhalten, mit kurzwelligen UV-Leuchten an den Decken auszurüsten, die mich töten, ohne Hautkrebs hervorzurufen?

Meine Damen und Herren, Sie wissen circa seit der frühen Neuzeit, wie man bei einer Seuche zu verfahren hat: Auseinander! Die Bürger von Florenz haben schon 1630, als die Pest über sie kam, das praktiziert, was Sie heute mit einem englischen Modebegriff „social distancing" nennen. Die Medizin hat Ihnen darüber hinaus praktische Apparate in die Hand gegeben: Tests und Apps, mit denen meine

Übertragungswege nachverfolgt werden können. Die Südkoreaner haben mich, indem sie anfangs ganz rabiat waren und dann vor keinem technischen Mittel zurückschreckten, in die Knie gezwungen. Wer oder was hindert Sie daran, diesem Beispiel nachzueifern? Ich gewiss nicht.

Ihre Debatten über die „Öffnungen" Ihrer Gesellschaften belustigen mich. Sie reden, als ob Sie mit mir verhandeln, sich mit mir auf einen Kompromiss einigen könnten. Lassen Sie mich wiederholen, was ich Ihnen schon anfangs zu erklären versucht habe: Ich habe keinen Willen. Also bin ich auch nicht Ihr „Feind". Ich bin nur ein Virus. Und selbstverständlich werde ich mich weiterverbreiten, wenn Sie mir die Gelegenheit dazu geben, ohne mich um Ihre psychischen Empfindlichkeiten zu kümmern. Wenn Verteidiger der freien Marktwirtschaft plötzlich wie orthodoxe Marxisten daherreden – wenn sie so tun, als ob ein wirtschaftlicher Aufschwung sich per Dekret befehlen lasse –, dann werde ich, das Virus, spätestens in drei Wochen all die Geschäfte, die gerade eben geöffnet wurden, wieder schließen.

Wenn ich einen Politiker des Jahres wählen dürfte, würde ich mich für Gurbanguly Berdimuhamedow entscheiden. Sie wissen nicht, wer das ist? Der Staatschef von Turkmenistan, einem zentralasiatischen Land mit knapp sechs Millionen Einwohnern. Ein Zahnarzt, der, seit er seinen Beruf verfehlt hat, als Diktator arbeitet. Berdimuhamedow hat verboten, mich beim Namen zu nennen. Wer in Turkmenistan über Covid-19, die von mir ausgelöste Krankheit, und ihre Symptome redet, wird kurzerhand ins Gefängnis gesteckt. Ich habe Ihnen gesagt, dass es sehr leicht ist, mich zu töten, und die demokratische Republik Südkorea erwähnt; ich habe Ihnen im Vertrauen sogar von meiner Angst vor der modernen Gerätemedizin gesprochen. Zu meinem Glück gibt es auch noch Turkmenistan. Sie müssen zugeben: Dort wurde das Problem, das ich darstelle, auf beinahe geniale Weise gelöst.

Mit Amüsement verfolge ich auch, was eure Geisteswissenschaftler – oder doch einige von ihnen – von sich geben. Eigentlich betrachtet jeder von ihnen mich als Verbündeten; keiner sieht sich durch diese Pandemie dazu genötigt, seine zentralen Ansichten zu revidieren. Die revolutionären Sozialisten glauben, ich werde die sozialistische Revolution befördern. Die Globalisierungskritiker hoffen, ich werde das Ende der Globalisierung herbeiführen. Die Liberalen denken, ich werde die autoritären Regime stürzen, und jene, die von der Computertechnologie das Heil erwarten, sehen die Singularität nahe herbeigekommen. Manche von ihnen verweisen auf den Schwarzen Tod, der Italien von 1347 bis 1350 verwüstete: Er führte zum Ende des Mittelalters und zum Anbruch einer neuen Zeit, der Renaissance.

Jene Neunmalklugen übersehen eine Kleinigkeit: Zwischen dem Schwarzen Tod und dem Beginn der Renaissance lagen noch einmal 100 Jahre – und die Renaissance brach auch nicht für jeden an, sondern nur für die Reichen. Ich will Ihnen, meine Damen und Herren, ein banales Geheimnis verraten: So, wie ich nicht der Weltuntergang bin, bin ich auch nicht die Lösung Ihrer Probleme.

In den Vereinigten Staaten behaupten Politiker und Journalisten, dass ich mehr dunkelhäutige als hellhäutige Bürger töte. Ich töte? Diese Behauptung beleidigt mich wirklich. Habe ich dafür gesorgt, dass schwarze Amerikaner häufiger unter hohem Blutdruck und Diabetes leiden, dass sie häufig keine Krankenversicherung haben, dass schwarze Familien statistisch gesehen immer noch – 155 Jahre nach dem Ende der Sklaverei – ärmer sind als weiße Familien? Jetzt projiziert ihr schon euren Rassismus auf mich!

Ich kenne weder Rassen noch Nationen, ich kenne nur Organismen. Eure Streitereien interessieren mich nicht. Wenn Sie, meine Damen und Herren, glauben, dass Schlagbäume mich aufhalten können, tun Sie mir - obzwar ich zu menschlichen Gefühlen unfähig bin – beinahe leid. Und über eure Versuche, „Risikogruppen" zu identifizieren, damit ihr so tun könnt, als sei ich allein das Problem der Alten, der Dicken, der Unvernünftigen, der Unsportlichen, der Kranken, quittiere ich damit, dass ich in kerngesunden 40-

Jährigen schwere Schlaganfälle auslöse. Wie alle Seuchen vor mir bin ich nichts weiter als ein Spiegel. Kann ich etwas dafür, wenn ihr darin jedes Gesicht erkennt – außer dem eigenen?

Autorinnen und Autoren

Rolf Anthes
Kürschnermeister i. R. Heute bildender Künstler (Schwerpunft: Malerei) Liederbach a. T.

Dr. Dr. h.c. mult. Wolfgang Eichhorn
emer. Prof. für mathematische Wirtschaftstheorie an der Universität Karlsruhe (KIT). „Das magische Neuneck", „Das Kartenhaus Weltfinanzsystem". Haupt-Hg: Das Grundeinkommen (KIT Publ.2012). „Mathematics and Methodology for Economics" 2016. Zuletzt: „Ein Bio-, Öko-, Sozio-, Theo-Trip" 2020. Karlsruhe.

Franca
Schülerin des Euregio-Gymnasiums Bocholt.

Friese
https://www.reimemaschine.de/trauer-0-32294.htm
(https://creativecom mons.org/licenses/by-sa/3.0/de)

Thomas Gsella
Satiriker. Einst Chefredakteur von TITANIC. Verfasser eines Musicals („Erschaffung der Welt") und komischer Lyrik, u. a. „Fressgedichte" (2020).

Ida
Schülerin der Parkschule Wülfrath („Katzenklasse" Kl. 4).

Joos
Schüler des Euregio-Gymnasiums Bocholt.

Joscha
Schüler des Euregio-Gymnasiums Bocholt.

Heinrich Lauinger
Lehrbeauftrager i. R. (Universität Karlsruhe). Viele Gedichtsbeiträge, Bücher „Ästhetik und Freiheit in der Kunst", "Der Berater des Präsidenten" (5 Bde.). Ettlingen-Spessart.

Dr. Dr. h.c. mult. Hans Lenk
emer. Prof. für Philosophie, Univ. Karlsruhe (KIT), Ex- und Ehrenpräsident des Institut International de Philosophie (Weltakademie). Über 150 Bücher in Philosophie, Sport-, Sozialwissenschaften, Wissenschaftstheorie u. a. „Kritik der kleinen Vernunft"; „Human zwischen Öko-Ethik und Ökonomik" (Projektverlag 2018). Achter-Olympiasieger 1960; 1966: Co-Trainer des WM-Achters 1966.

Lisa
Schülerin der Integrierten Gesamtschule Oldenburg (Kl. 8).

Marie Mehrfeld
Lehrerin i. R. Malerin und Dichterin (Roman: „Mein purpurroter Cousinot"). Verfasserin zahlreicher Prosagedichte in Büchern, z. B. „Könnte ich fliegen", „So viel Beton und Teer – kaum kleine Felder mehr" (2019). Frankfurt/M.

Horst Miersen
Handelsvertreter i. R., Autor („Ein ungewöhnlicher Junge in einer ungewöhnlichen Zeit", „Aber der Schlüpfer bleibt an") und von Volksschauspielen, z. B. „Der korrupte Bürgermeister", „Mord ist Familiensache", „Im Himmel sind noch Zimmer frei", „Scheidung auf Bayerisch"). Birnbach/Bayern.

Dr. Gregor Paul
Philosophie-Prof. i. R. der Universität Karlsruhe (KIT), Ex-Präsident der Deutschen China-Gesellschaft, Gastprofessuren als Ostasienspezialist in Japan, China u. a. Veröffentlichte „Philosophie in Japan" 1993, „Konfuzius und Konfuzianismus", "Transkulturelle Logik" (mit Lenk, Projektverlag 2014).

Dr. Winfried Rathke
Kunsthistoriker. Maler, Dichter, Humorist, Liedermacher. Bücher:
z. B. „Wein-Poesie", „Im Weingeist schwebend", „Leibhaftiges:
Bacchus auf allen Versen", „Germania First" (2017). Geisenheim.

Birgit Rutenberg
Niederdeutsche Dichterin – auch mundartlich. „Vier Pfoten und ein
Todesfall" (Krimi), zuletzt „Vier Pfoten im Dünensand" (2018). Leer.

Günther Stadtmüller
Lehrer i. R., Regisseur, Kabarettist (Gründer von „Frei & Frank"),
Schauspieler, Autor („Zuletzt stirbt die Hoffnung", „Ein Literaturgreis
reimt sich was zusammen"). Veitshöchheim.

Hannes Stein
Kulturkorrespondent der „Welt" in den USA. Gründer des Blogs
„Achse des Guten". Mehrere Bücher: „Endlich Nichtdenker", „Der
Komet", zuletzt „Nach uns die Pinguine". New York.

Dr. Jan Tomaschoff
Neurologe, Psychiater, Psychotherapeut, Karikaturist, erhielt den
Karikaturenpreis der deutschen Zeitungen 2005 und 2012 den
2. Preis der Politischen Karikaturen. Bücher u. a.: „Stress lass
nach!" 1998,"Irre(n)Ärzte", „Vernetzt nochmal!" 2000, „Best of
Tomaschoff" 2002, „Um die Ecke gelacht. Philosophisches Denk-
theater in Karikaturen" (Lenk, Hg., Berlin: LIT 2012). Erkrath.

Professor Dr. h. c. Walther Tröger
Ex- Präsident des NOK für Deutschland, Mitglied und einst Sport-
direktor des IOC, Bürgermeister des Olympischen Dorfs 1972 in
München. Frankfurt/M.

Dr. Günther Voss
Forschungsbiologe in der chemischen Industrie (i. R.), ehemaliger Leiter der Pflanzenschutzdivision einer Schweizer Großfirma. Liebt Limericks. Inzlingen.

Michael Wolf
Grafiker und Cartoonist. Lebt in Oberwesel am Rhein.

Norbert Wolf
Germanist und einst Generalsekretär des Deutschen Sportbundes, des Dt. Tischtennisbundes, DOG; Ex-Präsident des Dachverbandes der Nationalen Sportorganisationen in Europa sowie Leiter des Literaturkreises Liederbach. Veröffentlichte „Ist ja ein Gedicht!" (2016). Liederbach a. T.

Abbildungsverzeichnis

Abbildung im Frontispitz (Mandala abstrakt): Gordon Johnson auf Pixabay.

Die Abbildungen auf den Seiten 10, 18, 20, 23, 29, 39, 42, 45, 51, 55, 58, 60, 70, 72, 78, 81, 84, 86 stammen von *Jan Tomaschoff*.

Abbildung auf Seite 25: © *Foto (ohne Text): GettyImages-1129449588.*

Abbildung auf Seite 32: *Greser & Lenz/FAZ.*

Abbildung auf Seite 37, 44: *Michael Wolf.*

Abbildung auf Seite 47: *N. N.*

Abbildung auf Seite 63: *Das Foto (ohne Text) stammt von: Stefan Kühn, CC0, via Wikimedia Commons.*